COMPTE RENDU

par

Joseph MIRAMONT

des Conférences

PUBLIQUES ET CONTRADICTOIRES

qui ont eu lieu au Théâtre Chave

le 23 et le 25 Février 1892

Dépôt : Librairie Marseillaise, rue Paradis, 34.

COMPTE RENDU

par

Joseph MIRAMONT

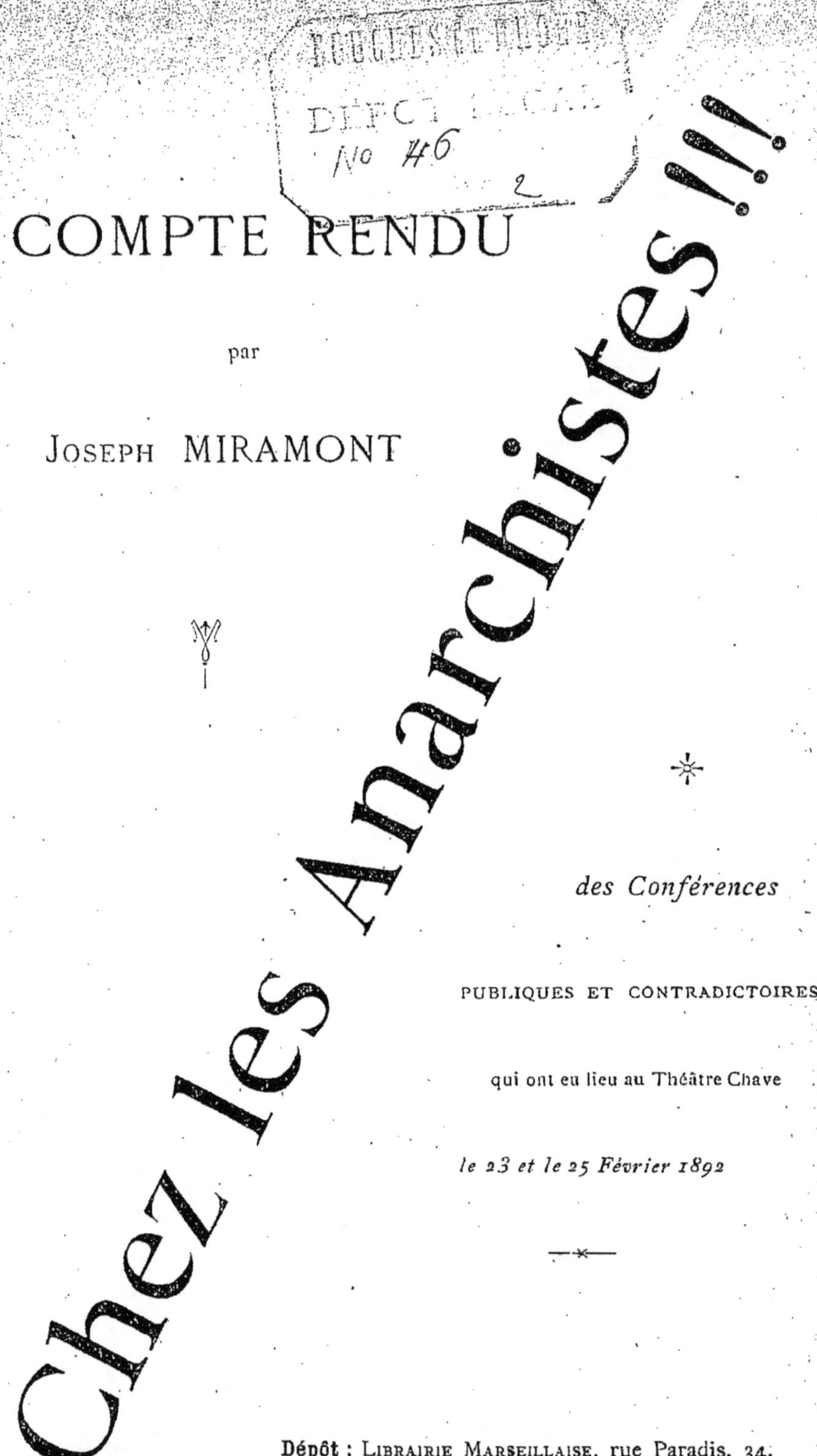

des Conférences

PUBLIQUES ET CONTRADICTOIRES

qui ont eu lieu au Théâtre Chave

le 23 et le 25 Février 1892

Dépôt : Librairie Marseillaise, rue Paradis, 34.

Chez les Anarchistes !!!

COMPTE RENDU

par

Joseph MIRAMONT

des

Conférences publiques et contradictoires

qui ont eu lieu au théâtre Chave

le 23 et le 25 Février 1892

MARSEILLE

IMPRIMERIE MARSEILLAISE

Rue Sainte, 39

—

1892

En réponse à l'accusation portée contre le « travestissement caricatural » de la Presse catholique, dans les comptes rendus des deux Conférences contradictoires, successives, au théâtre Chave, le 23 et le 25 Février dernier, nous avons rassemblé tous les documents nécessaires à une sérieuse réfutation.

Tout ce qui va se dérouler sous les yeux du lecteur est rigoureusement exact. J'en appelle à l'impartialité de ceux qu'aucune opinion n'attache, pour reconnaître à cette publication le seul mérite qu'elle prétend avoir : celui d'être vraie.

JOSEPH **MIRAMONT.**

Ce 10 Mars 1892.

Introduction

Depuis quelque temps les catholiques marseillais étaient l'objet de provocations blessantes, sorties de la bouche d'énergumènes enragés de réclame et de contradiction. C'était un soulèvement croissant d'opinions communistes, une effervescence cachée qui n'attendait qu'une occasion pour se produire. Une fois l'occasion s'était présentée, mais n'avait pu être mise à profit, lors de cette soirée du 25 janvier dernier, où le R. Père Monsabré, avant de quitter notre ville, avait tenu à répondre au vœu le plus ardent de la population par une conférence sur le socialisme catholique.

Le célèbre orateur venait de terminer par une chaleureuse péroraison les superbes pensées qu'il avait exposées le long de son discours, lorsque, d'un coin de la salle, une subite interruption se produisit, grossissante en peu d'instants, mettant ainsi une note tumultueuse dans l'auditoire naguère encore si calme et si paisible. Un groupe d'anarchistes, parmi lesquels le citoyen Montant, voulait à tout prix escalader la tribune pour y débiter ses théories. Mais une judicieuse observation de M. le comte de Villechaize vint modérer son ardeur et, tandis que la salle se vidait lentement, ils durent tous s'éloigner, en se promettant de ne rien perdre à attendre.

Ils partirent donc, et dès cette soirée les provocations redoublèrent ; d'abord, par le compte rendu inexact et on ne peut plus fantaisiste de la conférence, qu'ils firent imprimer dans un journal de la localité ; ensuite, par voie d'affiches et de presse où la série de toutes les questions modernes était ouverte à la contradiction. Des questions sociales on aborda le terrain religieux et finalement, le mardi 23 février, les journaux publiaient la note suivante :

Demain mardi, MM. Faure et Montant, anarchistes, feront, au théâtre Chave, à 8 heures 1/2 du soir, une conférence publique et contradictoire en réponse à celle du Père Monsabré, sur le socialisme catholique ; MM. les abbés Bérenger, Bollo, Bourrier, Négro, les Révérends Pères Dorgues, Rousset ; MM. Just Guigou, A. Le Mée, de Saint-Ferréol ont été invités par lettres spéciales à venir faire de la contradiction. Plusieurs de ces Messieurs, nous assure-t-on, se proposent de répondre à cet appel.

L'effervescence venait de prendre un corps et s'appelait Sébastien Faure. Mais, parmi les invitations adressées, il s'en trouvait une faite à un religieux convoqué l'année précédente pour un semblable motif. J'ai nommé le Père Dorgues. Le digne Jésuite avait voulu combattre l'audacieux anarchiste, dans un local où la sévérité de la chaire ne se trouva point, où les allures immodérées d'un théâtre fussent bannis, un terrain neutre enfin où l'on pût discuter à l'aise, sans supporter une responsabilité quelconque. Le local ne se chercha pas et le compagnon Faure devait savoir d'avance que l'invitation serait déclinée, car les Jésuites ne transigent point avec la règle et le devoir.

Cependant le clergé séculier n'est pas soumis aux mêmes exigences, et parmi les apôtres qu'il renferme il y en eut deux, MM. les abbés Bourrier et Négro, qui acceptèrent la contradiction, qui virent là un moyen de jeter la doctrine de Jésus-Christ dans le cœur du pauvre peuple qui ne la suit plus, et qui se présentèrent sur la scène avec ce port majestueux et cette noblesse de démarche que donne instinctivement la défense de toute sainte cause.

Nous ne voulons point cacher le saisissement, disons mieux le charme qui les prit devant l'inimitable talent avec lequel l'orateur anarchiste savait aligner ses périodes savantes, s'appesantir sur les mots principaux et combien ils furent étonnés que cet homme, qu'on prétendait si naïf, de si bonne foi, était si habile et savait employer avec tant d'adresse ses qualités physiques au détriment des contradicteurs. Ils ne ménagèrent point leurs applaudissements et, dans les magnifiques passages de l'Eglise et de Léon XIII que Sébastien Faure récita d'une voix vibrante, ils ne craignirent point de mélanger les leurs à ceux dont la salle entière retentissait.

Mais, quand les accents de l'orateur eurent cessé, emportant avec eux le charme et la fascination, comme les deux ecclésiastiques déplorèrent le logicien ! Etourdir ne sera jamais convaincre et, devant l'auditoire encore sous le coup du plaisir, M. l'abbé Négro le prouvait par deux fois, avec une intelligence remarquable et remarquée, lorsque enfin des murmures éclatèrent, des interruptions partirent, se croisant de tous côtés et, un tumulte indescriptible s'emparant de la salle entière, sa voix en fut couverte par le bruit. Tout effort devint inutile et les deux ecclésiastiques durent quitter la tribune sans avoir exposé leurs arguments.

La lutte une fois ouverte devait se continuer. Le surlendemain, jeudi, une lettre, émanant de M. l'abbé Bourrier, s'insérait dans les colonnes des journaux. La voici textuellement :

Monsieur le rédacteur,

Sébastien Faure doit donner une nouvelle conférence, ce jeudi soir, au théâtre Chave. Je vous prie de vouloir bien annoncer dans le *Petit Marseillais* que je m'y rendrai, et que je prendrai la parole pour réfuter les théories émises dans la séance de mardi.

N'ayant pas pu parler à cause du tumulte de la fin, au moment où je voulais exposer mes idées, je pense qu'on m'écoutera, ce soir. M. l'abbé Négro m'accompagnera et probablement soutiendra aussi la contradiction.

Veuillez agréer, etc.

A. BOURRIER, *prêtre.*

La défense du catholicisme allait donc se poursuivre et le soir même devait avoir lieu un commentaire nouveau du socialisme chrétien. Dès 7 heures 1/2, une foule considérable envahissait les portes ; foule mixte formée d'éléments les plus divers, mais que les ouvriers composaient en majeure partie.

Nous allons résoudre ici une question qui devait trouver sa place plus loin, mais qu'on nous saura gré d'avoir traitée ici : Quel était le parti le plus nombreux ? Les catholiques primaient-ils les anarchistes, ou réciproquement ? Pour être juste, nous dirons ceci : Dans la salle il y avait de nombreux curieux, accourus pour comparer deux hommes, deux contradicteurs, M. l'abbé Bourrier et le compagnon Sébastien Faure ; les catholiques étaient venus, sans l'intention de personnalité et une libéralité, comme il s'en prodigue en pareil cas, ne leur avait pas été remise. Les injonctions adressées par les deux prêtres aux catholiques de la salle sont là pour le prouver. Nous sommes peinés que les anarchistes aient vu dans les interruptions qui ont arrêté leur orateur une entente préméditée. Il est certain que le tort cherche toujours un prétexte qui puisse l'avoir causé, et celui-là se présentait tout seul.

Quoi qu'il en soit, loges d'avant-scène, parterre, galeries, tout était bondé, et, du bas jusqu'au sommet, on aurait dit de gigantesques grappes humaines échelonnées, dont les yeux se fixaient sur la scène et les contradicteurs.

Sans altérer gravement la vérité, nous ne pouvons taire l'attitude calme mais fière des deux ecclésiastiques. Entourés de leurs meilleurs amis, parmi lesquels nous avons remarqué : MM. Gabriel Bénet, ancien conseiller municipal ; le savant docteur Poucel et le jeune Combe, le sympathique président de la jeunesse catholique, ils subissaient les regards curieux de l'auditoire sans chercher à les attirer. Tandis qu'à quelques pas, les citoyens Sébastien Faure et Montant étalaient leur pharisaïsme, eux, la tête modestement inclinée, s'abîmaient dans ce recueillement qui précède la lutte, où l'on compte ses armes, où on en calcule la force, où on en mesure la portée, et que l'on dispose sagement pour frapper juste.

Ce n'était point des hommes qui venaient parler à d'autres hommes, c'était, si l'on veut, des contradicteurs, mais c'était surtout des représentants de Jésus-Christ qui voulaient enlever cette pierre d'achoppement contre laquelle s'étaient heurtés leurs adversaires, dans le seul but de rappeler à un égaré le chemin de sa jeunesse et de son passé. Comme on le verra, Dieu a béni leurs vaillants efforts et permettra sans doute à ses défenseurs de constater par eux-mêmes le bien qu'ils auront produit.

L'heure s'avance et nul orateur ne s'est encore

présenté ; l'impatience gagne, précédée des trépi-
gnements habituels. Enfin, Sébastien Faure se lève
et, après avoir invité M. l'abbé Bourrier d'une
manière courtoise à présenter sa contradiction, se
retire et s'asseoit derrière un groupe d'amis qui lui
prodigue ses félicitations.

Le contradicteur se dresse alors et, au milieu
de vifs applaudissements, développe ses théorics.

Nous avons jugé à propos de laisser parler l'orateur
et de reproduire en entier son discours, plutôt que
d'en donner une simple appréciation.

Discours de M. l'Abbé BOURRIER

Je vous remercie de ces applaudissements.

Je sais bien qu'ils ne s'adressent pas à ma personne, mais à l'habit que je porte. Au nom, de cet habit, encore une fois, merci !

Si je suis ici à cette heure, dans une pareille enceinte, sur les planches d'un théâtre, devant les feux de cette rampe, en présence de ce public si nouveau pour moi, en face de ces adversaires que j'ai refusé d'appeler des ennemis, ce n'est pas à cause de mon talent, ni d'une supériorité quelconque. D'autres plus que moi étaient dignes de défendre la sainte cause que je représente. Je n'ai consulté que mon cœur, Messieurs, mon cœur m'a dit de venir et je suis venu. (*Très bien ! Applaudissements.*)

Croyez bien que je ne suis pas à mon aise, et, si vous pouviez entendre ce qui se passe dans ma poitrine, vous sauriez l'émotion qui m'agite. Je sens tout le poids de la responsabilité qui pèse sur mes faibles épaules. Je suis ému, Messieurs, je n'ai pas le talent de mon adversaire, mon faible organe ne pourra pas dominer le tumulte, j'ai besoin de votre sympathie. Amis et adversaires, je compte sur vous. (*Oui, oui !*)

Je rends hommage au Comité anarchiste, ceux d'entre eux surtout avec lesquels j'ai été en rapport jusqu'à ce jour. Je n'ai eu qu'à me louer de leurs bons procédés. Au premier rang je place mes honorables contradicteurs. (*Très bien !*)

MM. Sébastien Faure et Montant sont debouts à la gauche de l'orateur. Ils ne quittent pas des yeux M. l'abbé Bourrier et prennent des notes.

Et cependant, dans notre dernière réunion de mardi, j'ai éprouvé une douleur poignante lorsque j'ai entendu accuser mon confrère, l'abbé Négro, de ne point avoir étudié la question sociale.

Ah ! qu'ils connaissent peu ce digne prêtre, ceux-là ! Non, ils ne l'ont pas vu à l'œuvre dans les quartiers de Saint-Mauront et des Crottes, dans les mansardes des pauvres, toujours parmi les ouvriers, au milieu de toutes les misères, et partout pour secourir et consoler. Voilà notre livre, Messieurs ; voilà où nous avons surtout étudié la question sociale.

(*Quelques voix :* Oui, nous le savons. *Voix nombreuses :* Silence à Fournier ! Pas de claque !)

Mais nous avons autre chose que le terrain pratique, nous avons aussi des livres. Nous avons lu un ouvrage qui est en quelque sorte classique dans nos mains : *La Réforme sociale,* de M. Le Play. Nous avons nos livres et nos revues chrétiennes qui traitent de la question sociale. L'éloge de M. de Mun n'est plus à faire. Pour ma part, j'aime surtout la lecture de nos adversaires. Je suis un admirateur de Benoit Malon, je suis abonné à la *Revue socialiste*. (*Très bien ! très bien ! Mouvements divers.*)

Nous ne connaîtrions pas ces livres, nous pourrions connaître encore la question sociale par l'histoire. Ce que vous dites, Messieurs, n'est pas si nouveau que ça : vous n'avez rien inventé. (*Murmures.*) Permettez... il n'y a rien de nouveau sous le soleil. Lisez donc Platon : avec l'autorité du génie, vous y retrouverez quelques-unes des idées qui vous intéressent.

Et d'ailleurs vos théories ne sont pas si compliquées. En une heure de discussion avec vous, vous nous en avez appris assez pour vous juger. (*Murmures.*)

Et puis, il y a un livre qui nous en a dit bien long sur le socialisme dès notre plus tendre enfance, c'est un petit livre, Messieurs, un tout petit livre, dicté par le plus grand de tous les amis de l'ouvrier, Jésus-Christ. (*Bravos.*)

Vos plus belles idées, sont des idées chrétiennes. Et vous l'avez vu dans votre dernière séance, lorsque j'applaudissais parfois l'éloquent Sébastien Faure, c'est que je reconnaissais dans ses paroles des échos lointains du Sermon sur la montagne.

Ce que je vous dis, c'est un des vôtres qui

2

en a fait le travail. Il nous vient du fond de la Russie, cette fois, ce socialiste véritable, car on dit qu'il pratique ce qu'il enseigne. Le comte Tolstoï, Messieurs, a démontré les admirables rapports qu'il y a entre l'Evangile et le socialisme, et il a résumé tout son système dans le Sermon sur la montagne. Le comte Tolstoï est des vôtres, Messieurs, car, s'il est un grand écrivain et un grand chrétien, il n'a cependant pas la foi.

C'est sur le terrain de l'Evangile, que je vous apporte la discussion ce soir. Ne voyez pas en moi le défenseur des théories du Père Monsabré. Plus éloquent que moi, le Père peut se défendre. Au-dessus de la cause des hommes il y a la cause du Christ. Pour le Christ tout chrétien convaincu doit être capable d'élever la voix, pour le Christ on donne tout, pour le Christ on meurt. Je suis le défenseur du Christ. (*Applaudissements.*)

Revenant sur les théories que j'ai entendues dans cette enceinte, je dois d'abord écarter ces idées fausses qui empêchent de comprendre l'état de la question.

Vous avez tort de croire que le travail sera le plaisir. Vous l'avez dit et vous avez même parlé d'un paradis que vous voulez réaliser sur la terre. Vous dites aux hommes : Le travail n'est point dur, ni pénible ; si vous avez gémi sous le poids des labeurs c'est que vous n'avez pas encore compris le travail jusqu'à cette heure. Laissez-nous donc organiser le travail. Nous allons tout refaire à nouveau, nous allons tirer des entrailles de cette planète le bonheur de l'humanité. Remettez dans nos mains toute la richesse de vos produits, avec les ressources du progrès, la puissance des machines, les révélations de la science, nous allons distribuer à chacun la part due des félicités terrestres en supprimant toutes les injustices et les inégalités. La matière suffira à satisfaire les besoins et la puissance de la collectivité. La sphère de chacun pénétrera délicieusement la sphère d'autrui pour faire entendre le plus suave concert que l'humanité ait jamais entendu.

> Le monde, enveloppé dans cette symphonie,
> Comme il vogue dans l'air, volait dans l'harmonie.

Eh bien ! la base de cet édifice social est fausse. La loi portée sur le berceau de l'humanité sera toujours vraie : « Tu mangeras ton pain à la sueur de ton front. » J'ai bien peur que l'organisation du travail ne soit en définitive que l'organisation de la paresse. L'édifice social rêvé par ces cœurs généreux et naïfs repose sur ce paradoxe de Jean-Jacques Rousseau : « L'homme naît bon, la société le déprave. »

Il y a dans le cœur de l'homme des instincts mauvais et dépravés, qui sont la cause de toutes les injustices sociales et, dans votre société future, vous aurez le même homme, les mêmes vices, les mêmes convoitises et par conséquent les mêmes inégalités sociales, les mêmes abus, les mêmes injustices.

Il est vrai qu'avec le perfectionnement graduel de l'humanité par le fait de l'atavisme indéniable, certaines notions restées longtemps à l'état de postulat dans l'esprit des philosophes deviennent presque des vérités natives avec le concours des siècles, et c'est ce qui explique le progrès réel, mais lent et indéfini, de l'humanité.

Aussi, si nous comparons la somme des instincts altruistes, pour parler votre langage, qu'un enfant apporte aujourd'hui en naissant, à ceux qu'avaient les fils des barbares, nous trouvons assurément des mœurs plus policées, des instincts moins farouches. Et la physiologie, l'anatomie nous apprennent, pour expliquer ces phénomènes psychiques, l'accroissement graduel et progressif du cerveau dans l'humanité. Sous Philippe le Bel le cerveau est en moyenne inférieur à la moyenne actuelle de 240 grammes. Je reconnaîs l'exactitude de ces faits.

Il est certain encore que pour l'heure présente, et assurément pour de nombreux siècles encore, la somme des instincts égoïstes surpasse celle des instincts altruistes. Dès lors les sphères d'harmonie ne seront plus que des lignes idéales et ondulantes, mais ce sera le terrain fatal de rencontre de toutes les passions, de toutes les convoitises, de toutes les haines, d'autant plus implacables que vous n'aurez plus ni loi morale pour refréner les appétits de l'homme, ni le gendarme et le garde champêtre dont vous déclarez vouloir vous passer, et qui, pour de longs siècles encore, je vous le prédis, seront, dans toutes les sociétés qui veulent rester debout, des objets de première nécessité. (*Rires. Applaudissements. « Ecoutez, écoutez l'abbé ! »*)

De plus, dans cette société idéale, toute lunairienne, il faudra exploiter cette planète pour en tirer le pain, la viande, le vêtement. Pour faire marcher ces puissantes machines dont on nous parlait mardi, il faudra de la houille et creuser des puits profonds et obscurs. Est-ce vous, Monsieur Faure, qui descendrez dans les mines pour courber votre échine et noircir vos blanches mains ? Il me semble que bien peu choisiront ces rudes labeurs ; beaucoup au contraire préféreront la culture des fleurs ou la direction des affaires.

Vous le voyez donc, dans votre société future ces mêmes hommes courront après les mêmes désordres, les mêmes injustices. Il y aura encore des ivrognes qui trouvent plus commode la table du cabaret que l'enclume de l'usine ; des *dilettanti* qui estiment plus harmonieux les violons du Palais de Cristal que le bruits des scies et du marteau dans l'atelier ; des débauchés qui courent après autre chose que la main-d'œuvre; et surtout, Messieurs, il y aura toujours il y aura encore les habiles, ceux qui sont doués du don de l'éloquence.... je veux dire ces suaves parleurs dont le peuple savoure les paroles. Marqués sur le livre mystérieux de la main par l'anneau de Jupiter, *ces Jupitériens* sont nés avec des aptitudes spéciales pour le commandement. Et il faut qu'ils commandent, comme il y en a d'autres qui ne peuvent qu'obéir ; ce sont les lois fatales et infaillibles de la chiromancie. (*Rires.*)

Dans le partage des produits de la planète, ils se feront toujours la part du lion. Les humbles, les modestes, les timides seront éternellement les sacrifiés de l'humanité. Et bientôt on reverra paraître ces odieux châteaux, repaires de tous les vices, nous a-t-on dit ; tandis que pour les *miséreux* dans les cabanes il n'y aura jamais que les pénibles labeurs et le pain noir.

On reverra paraître les horribles périodes dont les âges passés gardent le souvenir et que la puissance du Christ a seule pu transformer et adoucir. Et cet état durera jusqu'à ce que les rugissements de la colère d'en bas étouffent les hennissements de la luxure d'en haut. (*Applaudissements prolongés. Quelques instants de tumulte.*)

Une voix : C'est ce qui est aujourd'hui.

M. l'abbé Bourrier : Eh bien ! alors, quel changement nous proposez-vous ?

J'ai attentivement écouté vos discours, Messieurs,

et il m'a semblé que la cause de nos divergences venait encore de ceci : vous n'assignez au travail qu'un seul but : la jouissance.

Par le travail l'homme se procure la richesse. Avec la richesse il acquiert le bien-être et il satisfait tous ses désirs.

Le but du travail est pour nous plus noble et plus relevé, je le dirai tout à l'heure. Mais, pour vous qui ne voyez que le but de jouir dans le travail, prenez garde, vous n'aurez que des jouisseurs.

Cette race des jouisseurs vous la connaissez. Ils encombrent les cabarets et les lieux de plaisir. Ils mangent le soir ce qu'ils ont gagné le matin, ils dévorent le dimanche le fruit du travail de toute une semaine. (*Mouvements*.)

Il y a un mot sacré, je dirai presque un mot divin, car il constitue à lui seul une sorte de religion laïque. Ce mot, c'est l'épargne. Et c'est avec étonnement que je n'ai pas encore entendu prononcer ce mot dans ces réunions populaires. J'espère bien que l'on viendra bientôt nous dire ce que l'on pense ici sur ce sujet.

L'épargne représente deux belles vertus qu'il faut savoir apprécier : c'est le sacrifice de l'ouvrier qui a su se priver d'un plaisir superflu ; c'est l'espérance de l'avenir en face des jours mauvais. Sacrifice et espérance, deux mots que ne connaît pas le jouisseur.

Où passe donc tout cet argent dépensé hors de la famille, où passe-t-il ? Je vais vous le dire.

Messieurs, dans la crise industrielle qui sévit, une seule industrie reste prospère, un seule debout : c'est le Bar ! *(Rires, mouvement d'attention.)*

Il y a en France 427,000 débits de boissons alcooliques, c'est une statistique officielle, vieille de deux ans à peine. La population masculine de la France est de dix-huit millions. La moyenne de la vie humaine est de trente-trois ans. Il est interdit aux enfants et aux jeunes gens au-dessous de seize ans de fréquenter ces cafés et ces buvettes. Reste donc neuf millions d'hommes qui peuvent aller y consommer.

UNE VOIX : Mais tous les ouvriers n'y vont pas.

M. L'ABBÉ BOURRIER : Je l'espère bien et je suppose que c'est un tiers qui s'abstient. Reste donc six millions pour 427,000 débits de boissons alcooliques, ce qui fait 20 consommateurs par buvette !....

Voilà des chiffres, Messieurs, voilà, non du sentiment, non des phrases, mais une statistique officielle, voilà où passe l'épargne de l'ouvrier. *(Quelques murmures.)*

UNE VOIX : Toujours, allons donc !

M. L'ABBÉ BOURRIER : Non, pas toujours, mais, hélas ! trop souvent et beaucoup trop souvent. (Voix diverses : *Allez toujours, vous avez trop raison.)*

Et c'est là que l'ouvrier trouve avec la ruine financière la ruine de sa santé. La science a démontré comme élémentaire cette vérité : que l'alcoolisme produit prématurément des lésions artérielles et viscérales qui interviennent pour rendre particulièrement meurtriers tous les coups de la maladie.

Une voix : Et la question sociale ?

M. l'abbé Bourrier : Mais il me semble que j'y suis. Je parle contre un des vices qui font le plus de mal au peuple. Et je ne dis rien des influences néfastes, dépressives, stupéfiantes que cette double intoxication alcoolique et tabagique produit sur les descendants et qui ne nous promet pour l'avenir qu'une race abâtardie et rachitique. *(Applaudissements. Longue agitation.)*

Un citoyen d'une galerie désignant un de ses collègues : « M. le Curé, il fume, lui, c'est défendu de fumer. » L'orateur hausse les épaules et tourne le dos. Un grand nombre d'interruptions n'arrivent pas jusqu'à lui. L'orateur attend avec calme, les mains dans les poches, que le silence se rétablisse.

Et maintenant, Messieurs, j'ai à vous dire une chose plus surprenante encore et pourtant trop vraie dans la doctrine chrétienne du travail, je ne puis vous le cacher.

Les orateurs que j'ai entendus ici sont partis de cette idée, fausse à mon avis, à savoir que l'homme travaille pour manger : il travaille pour vivre ! Non, Messieurs, ce n'est pas le besoin qui est la raison du travail. (Voix nombreuses : *Allons donc ! Celle-là est forte ! — Rires ironiques.)*

M. L'ABBÉ BOURRIER : Permettez, Messieurs... .

*Le tumulte continue. L'orateur insiste pour parler. On lui
crie des galeries : « C'est bon pour vous cette doctrine ! »*
Un groupe au pied de la tribune encourage l'orateur :
« Tenez bon ! C'est toujours ainsi dans les réunions publi-
ques. »
Le calme se rétablit, l'orateur poursuit :

Je regrette de vous dire des choses désagréables ;
mais, que voulez-vous ? il ne m'appartient pas de
vous prêcher un autre Evangile.

J'avais cru jusqu'à ce jour qu'il n'y avait que le
sauvage ou la bête qui travaillassent pour manger.
Voyez-le donc, cet habitant primitif des forêts, voyez-
le poursuivant sans relâche l'animal dont il convoite la
chair. Il court, il l'atteint, il le perce de son javelot,
et maintenant il le dépèce, il boit ce sang, il dévore
cette chair, il est repu. Le voilà qu'il se couche et
s'endort ; pourquoi travaillerait-il encore ? il n'a plus
faim.

C'est avec cette doctrine du travail que l'on a eu
cette classe de bourgeois que vous avez appelés
avec un superbe dédain, que je ne désapprouve
pas : *les repus.*

Pourquoi travailleraient-ils encore, ils ont de quoi
manger jusqu'à la fin de leurs jours. Et moi, chrétien, l'Evangile à la main, je leur dis : Travaillez,
bourgeois, travaillez encore, travaillez toujours. Ce
n'est pas pour le corps seulement qu'il y a une loi
du travail, c'est encore, c'est surtout pour l'âme. Et

voilà pourquoi il y a dans l'Ecriture : « La paresse est la mère de tous les vices. »

L'homme qui travaille est chaste, l'homme qui travaille est sobre, l'homme qui travaille est généreux. L'ivrogne, l'égoïste, le débauché, nous le connaissons celui-là, c'est le paresseux.

Une voix : Vous parlez pour vous.

Voix nombreuses : Silence, écoutez l'abbé.

La voix de l'orateur devient plus ferme, l'attention est plus soutenue, la sympathie générale de l'auditoire semble lui être acquise.

Une parole que j'ai entendue ici, dans la dernière séance et contre laquelle je veux protester, c'est celle qui a été dite par l'éminent orateur Sébastien Faure; il a appelé le travail : un esclavage.

On a dit que le salaire fait de l'ouvrier l'esclave du patron, qui, pour un morceau de pain dont le pauvre ne peut se passer, achète ainsi la liberté du travailleur.

Je distingue le salaire suffisant et le salaire insuffisant. Quand le salaire est insuffisant, oui, le travail est un esclavage, car l'ouvrier se soumet malgré lui, contraint par la dure nécessité de manger. Vous avez applaudi mon confrère, l'abbé Négro, quand il vous a dit : Un ouvrier qui a une famille et qui ne gagne que 3 fr. par jour, je ne sais comment il peut faire pour joindre les deux bouts. Nous sommes pour la réglementation des salaires.

Mais, si le salaire est suffisant, je ne vois pas un esclave dans l'ouvrier. Le travail l'asservit, il est vrai ; mais, à ce compte-là, qui donc est libre ici-bas de toute servitude ? Que de choses il faut subir sans être réduit, pour cela, aux chaînes honteuses de l'esclavage. Allons, Messieurs, ne nous payons pas de mots. Pour venir ce soir dans cette enceinte, j'ai dû porter mon parapluie, un compagnon dont je me serais passé ; suis-je donc l'esclave de mon parapluie ?

Ce sont de ces esclavages dont on se console. Ce n'est pas ainsi que, nous prêtres, nous parlons à l'ouvrier ; nous ne lui apprenons pas à mépriser le travail. Nous aimons et nous respectons sa main calleuse, nous aimons serrer sa main dans notre main. Mais, si nous savons élever le travail manuel à la dignité qui lui convient, nous ne méprisons pas le travail intellectuel. Nous ne disons pas à ceux qui, par la nécessité des choses, exercent une profession libérale, nous ne leur disons pas avec dédain comme mon contradicteur : Où est votre besace ?

Nous croyons que leur travail peut être aussi utile, sinon davantage, que celui d'un boulanger ou d'un cordonnier. Que ce savant s'appelle Pasteur, son travail est digne et sublime à nos yeux. Que ce soit un Georges Ville, qui vient de découvrir un engrais chimique qui triplera la puissance productive du sol de la France, vous lui reprochez de travailler dans un cabinet doré et les pieds sur une bouillotte ; moi je vous dis : Faites donc son travail, vous qui en êtes jaloux ; je salue dans cet homme un admirable ouvrier, une gloire de la France. Me permettez-vous de vous nommer encore, parmi ces ouvriers de la pensée, le grand citoyen de la République des Etats-Unis, le célèbre Edison, mais il est vrai que ce génie a déclaré, en 1889, lors de notre grande Exposition nationale, qu'il avait la faiblesse de croire à l'existence de Dieu. En pareille compagnie, on peut bien se consoler de ne point être d'accord avec les puissants cerveaux qui sont venus à cette tribune faire profession d'athéisme. (*Rires.*)

Je vous dis : Eux aussi sont des ouvriers, ouvriers très utiles à l'humanité, quoique leurs mains ne connaissent point les ampoules. Et ils auront toujours devant les hommes la supériorité du génie, car il n'y a que devant Dieu, Messieurs, que l'on est véritablement égaux. Dieu ne reconnaît qu'une seule supériorité : celle de la vertu ! (*Applaudissements.*)

Une voix crie des galeries : « Vous l'avez vu, Dieu ? » Longue hilarité. L'orateur a haussé les épaules et ne répond pas. Nouvel instant d'interruption. La salle devient houleuse. On crie de divers côtés : « Laissez parler l'abbé, écoutons l'abbé. »

Je vais donc vous dire la véritable raison du travail au point de vue chrétien : Le travail, c'est le devoir. Le devoir, Messieurs, est un mot sacré dont nous connaissons la valeur, nous, chrétiens, parce que, pour nous, le devoir n'est pas seulement la conséquence fatale de certaines lois physiologiques, ou la résultante des conditions sociales. Pour nous, le devoir est plus que cela, parce qu'il vient de plus haut : il vient de Dieu.

L'homme travaille parce que c'est son devoir de travailler. Révolté contre son Dieu, coupable dès son berceau, une sentence a été portée contre lui par la colère divine : « Tu mangeras ton pain à la sueur de ton front. »

Et la terre, à partir de ce jour, n'a produit que des ronces et des épines. L'homme a dû arroser de ses sueurs cette terre pour la féconder. Et le Christ, qui venait pour expier au nom des hommes, a travaillé lui aussi, il a mangé son pain à la sueur de son front. Les oiseaux du ciel ont un nid, les renards ont une tanière, le Fils de l'homme n'avait pas une pierre pour reposer sa tête. Né dans une crèche, il mourut sur une croix. Et les hommes qui, au pied de cette croix, viendront accepter son salut, devront souffrir comme lui et avec lui, c'est le commencement ; ensuite, se sacrifier et se donner comme lui, c'est le perfectionnement. A cette condition on est chrétien — à cette condition seulement. (*Mouvements divers.*)

Quiconque ne travaille pas, quiconque ne se donne pas, celui-là, si dévot soit-il, n'est pas encore un chrétien. (*Mouvement d'attention.*)

Lorsque l'abbé Négro vous développait cette doctrine, je vous entendais murmurer et vous disiez : Ah ! oui, nous y voilà ! nous la connaissons celle-là. Il y a dix-huit siècles qu'on nous l'enseigne, et nous sommes toujours malheureux.

Nous n'avons pas résolu le bonheur absolu, non. Le bonheur n'est pas de ce monde. Mais, si vous prétendez que nous n'avons pas fait des peuples heureux, je vous dirai que vous ne connaissez pas l'histoire.

Regardez donc là où nous avons pu appliquer les principes chrétiens dans leur intégrité. Etes-vous donc sans avoir entendu parler de la République du Paraguay ? Allez donc au Val-des-Bois, et demandez l'usine de M. Harmel. A la station du chemin de fer, les employés eux-mêmes vous diront : Ah ! le bon père, oui, nous le connaissons !

Je vous ai déjà parlé du livre de M. Le Play. Vous trouverez là des exemples nombreux de ce que j'avance. Cet ouvrage est composé de monographies qui tendent toutes à démontrer que l'observation du Décalogue peut seule faire le bonheur des peuples.

Eh ! que vient-on me dire que le bonheur n'a pas existé sur la terre avant 89 ? Il y a eu des époques de misère, de famine, de crise, je ne le sais que trop. Mais il y a eu des périodes heureuses et je crois que l'ouvrier d'autrefois a connu quelque chose de ce bonheur de l'ouvrier des temps futurs auquel on veut réserver le monopole des félicités terrestres. Vous n'avez donc jamais entendu parler de nos joyeux troubadours qui promenaient à travers la France leurs naïves chansons et dont le peuple répétait en chœur les gais refrains ? Alors on chantait, on dansait, on ne songeait guère à la question sociale. On se croyait heureux, on était donc heureux. *(Mouvement.)*

Le travail est un devoir envers nos frères. Et voilà pourquoi, dans la loi chrétienne, le riche n'est point dispensé de travailler. S'il a de quoi manger, il a des frères qui ont besoin de son travail, il travaillera pour les autres.

La fraternité du chrétien ne consiste pas en paroles. C'est du pain qu'il faut donner à celui qui a faim et non des figures de rhétorique. C'est une parole de l'Evangile : « Nous avons connu que Dieu nous aime à ce signe : le Christ a donné sa vie pour nous. » Et nous aussi nous devons donner notre vie pour nos frères. Donner sa vie, c'est donner quelque chose de plus que son superflu. Que je déteste cette odieuse casuistique du superflu, qui a ignoblement caricaturé la belle doctrine de l'Evangile !

On donne cent francs aux pauvres, mais on ne boira pas une bouteille de champagne de moins. On vit dans les délices d'un Sardanapale et l'on croit avoir accompli la loi de la fraternité parce qu'on entretient un certain nombre de lits dans un hospice !

On vit grandiosement et on donne simplement !
Non, c'est un faux christianisme, tout l'Evangile me
dit au contraire : vivre simplement et donner grandiosement. (*Approbations.*)

Quand je vois ces chrétiens superbes, qui vivent
dans un luxe somptueux et qui viennent s'agenouil-
ler dans nos églises, sur de beaux prie-Dieu de ve-
lours, tandis qu'à deux pas, à côté d'eux, des malheureux crèvent de faim, devant ce triste specta-
cle de l'hypocrisie humaine je secoue la tête et je dis
avec l'Apôtre : « Celui qui voit son frère dans la
nécessité et qui lui ferme ses entrailles, comment y
aurait-il encore l'amour de Dieu dans son cœur ? »
Non, ceux-là ne sont pas chrétiens! (*Approbations.*)

Vous avez appris dans le catéchisme une erreur
regrettable que je ne redoute pas de dénoncer devant
vous. On vous a dit : Quel est le signe du chrétien ?
Et vous avez répondu : Le signe du chrétien, c'est
le signe de la Croix.

Quelle hérésie ! doit s'écrier le Christ, en voyant
ainsi travestie sa parole. Quel déplorable malentendu!
Combien n'en ai-je pas vus qui font et multiplient
les signes de Croix, et qui pourtant ne sont pas
chrétiens : leur cœur ne sait pas aimer, moins encore se dévouer.

Le signe du chrétien, le Christ vous le dira lui-
même : « On connaîtra à ce signe que vous êtes
mes disciples : l'amour que vous aurez les uns pour

les autres. » (*Approbations ; attention de plus en plus soutenue.*)

On a parlé, dans la dernière séance, de saint Vincent de Paul, et on en a parlé dans des termes qui m'ont déplu. Eh bien ! je veux donner à ce grand citoyen la place d'honneur qu'il mérite. Je souhaite à notre France d'aujourd'hui un peu plus de saint Vincent de Paul et un peu moins de ces beaux parleurs à 25 fr. par jour, qui n'ont point fait et ne feront jamais le bonheur du peuple. Voilà le chrétien !

Tonnerre d'applaudissements. Enthousiasme tel, que la séance demeure suspendue pendant cinq minutes. Une voix : « Vive l'inquisition ! A bas les patrons ! »

Je me suis déjà beaucoup étendu, je crains d'abuser de votre attention en donnant à mon sujet tous les développements qu'il demande. (Voix nombreuses : *Parlez, parlez.*)

Je veux encore vous dire ceci : que si nous savons aimer le peuple, nous savons aussi le respecter. Et aujourd'hui ceux qui se vantent le plus d'aimer le peuple sont ceux qui ne le respectent pas.

Ah ! s'ils le respectaient, croyez bien qu'ils mettraient un frein au flot de littérature immorale et pornographique qui nous envahit. C'est le peuple que l'on veut corrompre, c'est lui surtout qui est victime de cet infâme trafic.

C'est la jeune ouvrière que l'on attend à sa sortie de

l'atelier pour lui offrir l'immonde séduction d'un journal ou d'un feuilleton. On veut pourrir son cœur, en attendant que son corps soit flétri. (*Mouvements en sens divers.*)

Oui, oui, c'est la vertu de la fille de l'ouvrier, ce sont les enfants de l'ouvrier qui sont victimes, et je n'ai entendu personne ici protester contre ces ignominies. Voilà pourquoi j'élève la voix. (*Applaudissements, mélangés de protestations.*)

Et ceux qui dirigent ces agences de corruption, ceux qui en tirent les plus gros bénéfices, ce sont des Juifs. (*Approbations et dénégations.*)

Une voix : Vous ne valez pas mieux, vous autres.

M. l'abbé Bourrier : Dites qu'il y a des catholiques qui ne valent pas mieux. Pour moi je mets ces catholiques sur le même rang que les Juifs. (*Applaudissements.*)

On crie de divers côtés : Et la question sociale ?

M. l'abbé Bourrier : Il me semble que j'y suis.

Une voix : Concluez.

Une autre voix : Il y a bientôt une heure que vous parlez.

L'orateur regarde sa montre :

Eh bien! j'achève. On m'avait dit que cette réunion serait contradictoire, je vois que je me suis trompé.

Voix nombreuses : Concluez, Monsieur l'abbé, on vous écoute.

M. l'abbé Bourrier : La question sociale, Messieurs, peut être résolue de deux façons : théoriquement et pratiquement. Théoriquement, c'est ce que vous faites. Vous faites des discours, vous cherchez dans les livres. Trouvez donc ce Paradis terrestre que vous nous promettez, et venez me le dire, car je veux en être moi aussi. Ne trouvant pas le bonheur dans cette vie, nous le cherchons dans l'autre. Mais, si vous trouvez le ciel sur la terre, croyez bien que je prendrai celui-ci dans l'espérance de celui-là.

Mais, en attendant que vous ayez trouvé la panacée universelle qui doit guérir tous les maux, il y a des malades à soigner, des orphelins à élever, des vieillards à recueillir, des affamés qui demandent du pain. C'est là que nous faisons du socialisme pratique. Nous bâtissons des maisons pour les orphelins, des hôpitaux pour les malades, des asiles pour les vieillards. Nous avons des œuvres de toute sorte pour toutes les misères, et chaque jour nous en créons de nouvelles, car la misère, hélas ! est plus puissante que nos ressources, parce que vous ne nous aidez pas. (*Longs murmures, mélangés d'approbations.*) Venez donc, venez chez les Petites Sœurs des Pauvres, chez les Frères de Saint-Jean de Dieu, venez avec nous faire du socialisme pratique. (*Approbations. Des conversations nombreuses forcent l'orateur à s'arrêter.*)

Et voilà ce que fait le Christ, il produit le dévoûment. Et en attendant que vos écoles divisées et opposées nous apportent une solution pratique, le dévoûment, Messieurs, demeure le dernier mot actuel du problème social.

Et voilà pourquoi notre Christ est Dieu, Messieurs. Non pas parce que, mourant le Vendredi saint, il savait qu'il ressusciterait le jour de Pâques, comme l'a dit M. Faure, et vous avez alors couvert sa voix d'applaudissements frénétiques.

C'est un argument trop usé et que je m'étonne de trouver dans la bouche d'un homme de si grand talent. Notre Christ est Dieu, parce que lui seul a suscité dans le monde le dévoûment jusqu'à la folie. Il est Dieu, parce qu'il a dit que son règne serait éternel.

Il l'a dit, et il l'a fait. Et il y a dix-huit siècles qu'il règne ; dix-huit siècles qu'il voit passer tous les mensonges, toutes les erreurs, toutes les doctrines. Tout passe et Lui seul reste debout. Et les anarchistes passeront aussi, Messieurs, mais le règne du Christ sera éternel. (*Applaudissements prolongés. L'orateur ému, remercie du regard.*)

. . . .
. . . .
. . . .

Cinquante minutes s'étaient écoulées depuis le commencement du discours, pendant lesquelles l'orateur, avec une indéniable précision, détruisit les sophismes de ses adversaires ; cinquante minutes enfin de succès, car on ne peut appeler autrement l'attention soutenue de l'auditoire. Nous nous sommes promis d'être impartial, bien plus, d'être franc et juste ; qu'on ne nous accuse donc point, à la lecture de l'affirmation précédente, d'avoir prétendu faire du cléricalisme. Nous signalons un fait que tout le monde a pu constater et dont les citoyens anarchistes, malgré leurs dénégations, s'ils en apportaient, seront forcés de convenir.

D'ailleurs, à peine M. l'abbé Bourrier regagnait-il sa place, recevant avec les plus sincères félicitations, de cordiales poignées de main, que Sébastien Faure quitta promptement le groupe d'amis qui l'entouraient, s'avança sur le bord de la scène, l'âme résolue, non pas de combattre loyalement, mais d'anéantir le succès de son contradicteur sous le charme de sa parole, et pour cela redevint artiste, virtuose, fascinateur......

« Citoyens, dit-il, on m'avait parlé de contradiction et de contradicteurs ; et j'avoue que non seulement la contradiction n'a pas été faite, mais que même elle n'a pas été tentée. » (*Bravos et applaudissements sur quelques bancs.*)

Et malgré cette réfutation que l'orateur anarchiste ne veut pas reconnaître, il s'efforce néanmoins de discuter comme si réellement elle avait eu lieu et, reprenant chaque point du discours précédent, va chercher à les ébranler. Mais, avec un instinct que nous ne lui connaissions pas, il cherche d'abord à écraser M. l'abbé Bourrier sous l'ironie, et, dépliant un journal, le *Soleil du Midi*, lit le compte rendu de la conférence du 23 février. Nous ne reproduirons pas en entier ce compte rendu, mais nous nous bornerons à en citer un passage émaillé d'un trait d'esprit si fin, que nous en sommes encore sous l'impression...

« *Le citoyen Montant, aussi montant et embroussaillé que le chemin du bon Lafontaine......* »

Certes, si le compagnons Faure prétendait humilier son adversaire en lui reprochant ce « travestissement caricatural » dont la presse catholique se rend coupable, il n'y a pas réussi, et la bruyante hilarité qui remplissait la salle est allée meurtrir plutôt le cœur de son camarade. Il est difficile de ne point pâlir dans une circonstance pareille, et l'orateur comprit si bien que l'arme dirigée contre un étranger se retournait vers lui, qu'il ne put retenir cette apostrophe ;

« Voilà ce que vous faites, vous qui prétendez
moraliser les masses et conduire les foules dans le
chemin de la vertu ; voilà ce que vous faites, vous
qui, adorant Dieu, devriez au moins respecter le plus
grand de ses attributs : la Vérité ; vous foulez aux
pieds cette Vérité, et vous conviendrez avec moi que
si vous mentez, ce n'est pas par plaisir, mais c'est
que vous avez intérêt à mentir. » (*Murmures prolongés.*)

Eh ! eh ! citoyen Faure, est-il bien sûr que vos
théories ne soient pas dictées par un sentiment pareil
à celui que vous reprochez aux catholiques ?...
Vous ferez-nous croire que e'est le désintéressement
le plus complet qui vous guide dans cette lutte d'af-
franchissement, d'émancipation, de liberté intégrale
et d'anarchie ? Pourquoi, alors, avoir refusé à
M. l'abbé Bourrier une discussion par écrit ?...
Ah ! le temps vous manque, avez-vous dit ?... Mais
nous, nous savons ce que vous voulez. On ne perçoit
pas trente centimes par tête de journal, tandis que
dans vos conférences à *conclusions pratiques* vous
pouvez aisément couvrir les frais !

Les catholiques ont-ils critiqué le compte rendu
de la conférence du Père Monsabré qu'un journal des
vôtres avait signé ? Et pourtant, que de fantaisies
renfermait-il, écrites au courant d'une plume adverse
et qu'ils n'ont pas relevées ?.... Mais, vous l'avez

dit vous-mêmes : « le mensonge tourne toujours à la confusion des menteurs !... » et le vôtre vous poursuit.

Il vous poursuivait déjà quand M. l'abbé Négro supplia ses amis, en vous laissant parler, de donner l'exemple du calme et de la modération et tint à vous prouver combien peu nombreuse était représentée cette usine de M. Fournier, que vous avez calomniée, puisque les ouvriers qui la composent, obéissant toujours à la parole de leur vénérable aumônier, négligèrent pour cette fois de l'écouter.

Vous qui vous prétendez l'intime ami de l'ouvrier qui souffre, « qui, naissant dans un berceau de paille, a grandi en butte à toutes les misères, et vit au travail forcé et à la vieillesse prématurée des souffre-douleurs, » pourquoi le méprisez-vous, cet ouvrier, quand il est catholique ?.. ....

. . . .

Quand l'hilarité de la piquante réflexion citée plus haut se fut lentement diminuée, le compagnon Sébastien Faure, retrouvant sa contenance première, s'efforça d'établir que l'homme ne naît ni bon ni mauvais, mais qu'il subit l'influence des milieux où il est condamné à vivre. C'est ce paradoxe de Jean-Jacques Rousseau que l'orateur anarchiste prétend développer et dont il veut se servir pour repousser la théorie de son contradicteur.

« L'homme ne naît pas mauvais, dit-il, puisque

quel est celui qui, parvenu à ses seize ou dix-huit printemps, ne s'est pas senti saisi d'une ardeur nouvelle qui le poussait vers les idées généreuses et dont la seule pensée faisait bondir le cœur. (*Murmures dans la salle, applaudissements sur quelques bancs.*)

UNE VOIX : Vous étiez alors chez les Jésuites !

A ce souvenir, l'orateur se sent cruellement frappé. Il a comme un vertige d'effroi, un éblouissement soudain qui lui permet

De revoir son passé dans un éclair rapide.

Atteint dans sa fierté, il feint de ne pas avoir senti la profonde piqûre de ce coup d'aiguillon et, se penchant vers ses amis, se fait répéter l'interruption........ Il cherche une réponse qui ne vient pas !.... Vainement croit-il la trouver dans la lente absorption d'une gorgée de cognac !!... Et de rage le citoyen anarchiste

Menace de la main ce vil interrupteur.

Dès ce moment l'auditoire comprend ce qui devait arriver. Il faut que cet homme, de nature essentiellement adroite, cache la plaie saignante, quitte à la découvrir bientôt et à venger l'affront reçu. Aussi, ramassant le sang-froid qui lui reste, il poursuit ainsi son discours :

« On vous a représenté le travail comme un devoir, mais ce devoir n'est pas aussi juste, aussi noble que l'a prétendu mon contradicteur, puisqu'en somme il consiste, par la vente de son produit, a en prendre la valeur dans la poche d'autrui. (*Mouvements divers de stupéfaction.*)

« Il y a, dans chaque être vivant, deux hommes : le producteur et le consommateur ; l'un qui fournit

la part active de vitalité, l'autre qui la reçoit.....
Peut-on alors reprocher à certains ouvriers leur
intempérance, puisque celle-ci contribue à la con-
sommation générale et que, sans elle, la production
amènerait bien vite un trop plein désastreux de
toutes choses......

« Puis, on vous a parlé de la finance, *cette grande
prostituée*, et l'on n'a pas craint de vous conseiller
l'épargne, ce sacrifice d'un plaisir superflu, cette
espérance de l'avenir en face des jours mauvais. Eh
bien! savez-vous, citoyens, ce que devient l'épargne?
Elle s'apelle *Panama* ......

*L'orateur voudrait continuer son énumération, mais il en
est empêché par les interpellations qui se croisent de tous
côtés sans qu'aucune puisse se dessiner nettement . . . L'orateur oublie sans doute qu'à maintes reprises on l'a accusé
d'être coulissier à la Bourse de Paris et qu'à ce moment il
lui eût été bien facile d'en faire vérifier l'inexactitude. Malgré la publicité qu'en a faite le* Soleil du Midi, *le bruit n'en
a pas été démenti et nous comprenons combien la* grande prostituée *sera mécontente de cet homme qui, loin des yeux, lui
refuse son cœur.... ...*

Abordant ensuite un autre ordre d'idées :

« Mon contradicteur vous a dit encore que Jésus
avait aimé, avait *dignifié*, si je puis m'exprimer
ainsi, le travail manuel en s'y livrant ; mais les disciples de ce même Jésus travaillent-ils ?..... Ne
s'exemptent-ils pas de cette règle généreusement?....
(*Murmures prolongés. Quelques voix :* A la question ! à la question ! *D'autres voix :* A bas l'usine
Fournier ! *Tumulte général.*)

Une voix sur la scène : « Et vous ? Où prenez-vous l'argent ? »

Sébastien Faure : « N'entrons pas dans ces détails. »

La réflexion ne vous a guère profité, camarade ; il ne faut pas entrer dans les détails qui vous concernent, mais vous ne négligez pas de descendre dans ceux qui vous sont étrangers. Est-ce ainsi que vous concevez la notion de cette égalité que vous prêchez ?..... Est-ce ainsi que l'anarchie doit éliminer de l'organisation sociale tous les éléments d'hypocrisie et de dépendance ? Vous sentez que l'auditoire vous échappe et, comme vous l'avez pensé sans doute à ce moment : « Encore une victoire comme celle-là et nous sommes perdus. » Et vous l'avez remportée cette victoire dans le passage suivant :

« On nous accuse d'être des hommes de désordre et de haine ? Oui, quand il s'agit de bouleverser l'ordre des choses existant ! Oui, nous avons la haine du mensonge et de l'hypocrisie. Nous sommes des révoltés qui ne voulons point substituer des chaînes de fleurs à nos chaînes de fer, mais qui voulons la suppression de toutes les chaînes...

« — *De montre !!!* » interrompt une voix à droite de l'orateur.

On crie : « A la porte ! A la tribune ! » *On siffle. On*

*applaudit. Vacarme qui dure un quart d'heure et que le
citoyen Montant, jusque-là rôle muet, cherche à rétablir.*

Profitant de cette accalmie purement relative,
Sébastien Faure va de nouveau recommencer ses
périodes ronflantes, irréprochables dans leur forme,
auxquelles s'enivrent ses naïfs auditeurs habituels,
écartant toujours la réfutation promise et la conclu-
sion inéluctable, quand une interruption soudaine,
tombée d'une loge d'avant-scène, vint arrêter l'élan
de l'orateur et lui faire redresser la tête. « Et les
moyens ? Donnez-nous les moyens de réaliser ce
rêve ! »

« — Nos moyens ? réplique le citoyen Faure, je
vous les dirai une autre fois. »

LA MÊME VOIX : « Ce sont des raisons qu'il nous
faut et non des phrases! (*Cris* : «A la tribune! Qu'on
le fasse passer ! »)

« On veut, réplique alors Sébastien Faure, que
dans un quart d'heure je pose les bases d'une société et que j'indique les moyens de la faire vivre ?
Cela n'est pas possible! »

M. L'ABBÉ BOURRIER, *sur la scène* : «Vous me repro-
chiez tout à l'heure d'avoir eu besoin de quarante-
huit heures pour préparer une conférence et vous
convenez avec moi, maintenant, que le programme
est si vaste, que vous ne pouvez l'embrasser tout de
suite. Pourtant, Monsieur, vous êtes plus fort que

moi : ce n'est pas mon métier, c'est le vôtre… Et la vérité me semble aussi bonne hier que demain !!! »

Des cris étranges retentissent. Le tumulte gagne la salle. On se bouscule près des portes, de voisins à voisins on répond à des interpellations ! Finalement, Sébastien Faure et Montant disparaissent de la scène, flanqués de nombreux camarades !

Ici se place un incident dont la gravité mérite d'être signalée. Seul nous avons en mains les documents nécessaires pour en parler, et, tout en taisant le nom de la victime, nous ne pouvons la priver des félicitations que méritent son sang-froid et l'intelligence qu'elle a montrée dans cette occasion.

L'interpellation tombée quelques instants auparavant d'une loge d'avant-scène était celle d'un riche négociant marseillais, T. R., conseiller général des Hautes-Alpes, élu au premier tour de scrutin avec une forte majorité, homme respectable s'il en fut, républicain indépendant.

Venu dans le but de comparer deux contradicteurs qu'il ne ne connaissait point, M. l'abbé Bourrier et le citoyen Sébastien Faure, sur un sujet d'actualité, le socialisme catholique, il avait à côté de lui son beau-père âgé de soixante et dix ans, et son fils qui en a que quinze.

Derrière lui, dans cette même loge où un organe anarchiste a prétendu se trouver « vingt-trois membres de cercles catholiques », se rencontraient justement les plus tenaces interrupteurs de M. l'abbé Bourrier et qu'à maintes reprises M. T. R. conjura de s'abstenir. Ils ne tinrent aucun compte de l'avis, et leurs interruptions, au risque de paraître systématiques, continuèrent leur train.

Après avoir écouté, sans sourciller, les phrases sonores mais creuses de l'orateur Sébastien Faure, cet homme, froissé qu'on bernât l'ouvrier par de pareils sophismes, ne put retenir une interruption que nous reconnaissons légitime et posée d'une façon simple, mais convenable.

Etonné de la violence dont elle fut accueillie, pressé par son beau-père que la perspective d'un malheur effrayait, ému par les supplications de son fils, qui l'adjuraient de partir, cet homme vit cependant sans effroi les compagnons Faure et Montant quitter la tribune et déboucher dans sa loge. Le tumulte de la salle le laissa même impassible.

Alors, comme M. T. R. faisait face à l'un d'eux et allait motiver son interruption, un misérable lâche se glissa derrière lui et lui assena un coup de poing violent sur la figure et dans l'œil. Ne s'attendant point à un tel acte de brutalité, le coup eut tant de force qu'il détermina chez la victime un étourdissement complet faisant basculer le corps en arrière et dont profita le bandit pour s'enfuir.

Revenu à lui, le digne négociant chercha d'abord son fils qui, impuissant à le défendre, dut immensément souffrir, et, entouré d'amis, de protecteurs inconnus qu'étouffé par l'émotion il ne put remercier, mais qui doivent trouver leur place dans ce livre, il sortit de la loge, non sans avoir traité comme ils le méritaient les auteurs de cette inqualifiable agression.

Et tandis que le pauvre père de famille s'éloignait, la figure en sang, les compagnons Montant et Sébastien Faure reparaissaient sur la scène en disant :

« On nous a demandé le moyen de changer le régime social actuel, nous venons d'en donner un aperçu.»

Cet incident qui menace de finir en correctionnelle fera réfléchir plus d'un ouvrier !!! Qu'ils sachent que toute vérité s'affirme et ne s'impose pas, et que quand on expose une doctrine en la complétant de pareils faits-divers, elle est bien proche de l'erreur !

. . . .

. . . .

L'incident écoulé avec ce qui restait de cognac dans la bouteille, le compagnon Montant, que son mutisme agaçait, éclata tout à coup en une apostrophe violente contre ses contradicteurs.... Pourquoi, à cette heure, oublier justement que le silence est d'or !!!

Tandis que derrière lui, sur la scène, des interpellations se croisent de groupe à groupe, que des gestes

véhéments escortent les paroles, bien qu'essoufflé,
malgré les bousculades dont souffre son équilibre,
l'orateur démontre que l'alcool est une consolation :
à celui qui n'a pas de pain, puisque « si l'homme
boit trop, c'est qu'il ne mange pas assez », et à ceux
qui ne peuvent pas, comme le cardinal Lavigerie,
absorber par jour le jus de huit kilos de viande.

Quelle révélation ! Elle fut si foudroyante, que le
camarade Faure resta stupéfait et jugea de prendre
lui-même la parole pour renvoyer le public au pied
d'une tribune où *Montant ne monterait pas.*

Et c'est ainsi, vers 11 heures, qu'au milieu d'un
infernal tapage la séance a été levée. Les bousculades se continuent et les deux abbés sortent avec les
honneurs de la victoire, et non piteusement, comme
on l'a prétendu, par la porte du foyer.

OPINIONS DE LA PRESSE LOCALE ET PARISIENNE

Les journaux, sans distinction de nuances et de partis, ont été unanimes dans leurs félicitations adressées aux deux orateurs catholiques. Les uns sous forme de récit détaillé, les autres sous des allures drolatiques, se sont efforcés de rendre à chacun sa part d'éloges. Fidèle à notre impartialité, nous les donnons tous, nous réservant seulement, après, le droit d'émettre un sentiment personnel.

Le *Soleil du Midi* :

Et tout d'abord résumons l'impression du public de toutes opinions qui admire sans réserve l'attitude très modeste et très crâne à la fois, de ces deux ecclésiastiques, devant cette cohue grouillante, où les interpellations, les interruptions les plus diverses se croisent, soulevant tour à tour des vociférations, des cris et des huées. . . . On les a applaudi très fort . . . . ., tandis que le citoyen Sébastien Faure réédite quelques-unes de ses indéchiffrables théories. . .

Le *Petit Marseillais* :

Quand une conférence a lieu, on suppose un auditoire et non point un public d'interrupteurs bien résolus à ne pas entendre. Il y avait, quoi qu'il en soit, beaucoup de monde, et c'est devant un tel public que l'abbé Bourrier développe ses théories. . . Un tonnerre d'applaudissements se fait alors entendre et il faut plusieurs minutes avant qu'un silence relatif se soit établi. . . Le citoyen Sébastien Faure est un artiste, un virtuose, un des orateurs les plus attrayants de notre époque, mais on lui a pas permis d'exposer ses arguments. On a volontiers constaté cependant que les abbés Bourrier et Negro ont, à diverses reprises, supplié leurs amis, présents dans la salle, de ne point se donner le mauvais rôle . . .

Le *Petit Provençal* :

Les compagnons S. Faure et Montant ont donné, au théâtre Chave, une conférence contradictoire à laquelle sont allés assister deux abbés de notre ville, MM. Negro et Bourrier. De cette conférence nous n'avons pas voulu parler. Ce n'est pas à coup de négations d'un côté et, d'un autre côté, à coup d'affirmations révélées, qu'on fera jaillir la lumière. . . Je néglige les compagnons anarchistes dont je comprends peu les théories. . .

Le *Journal de Marseille* :

Après le discours de Sébastien Faure, M. l'abbé Negro a pris la parole pour réfuter les principaux arguments énoncés par l'orateur anarchiste. Une ovation lui a été faite...

Le *Bavard* :

Le théâtre Chave a abandonné la *pastorale* et engagé les compagnons Séb. Faure et Montant pour deux *représentations*. La salle était pleine. Sébastien Faure a joué son rôle avec une virtuosité étonnante, très bien secondé par le compagnon Montant. L'un des deux abbés s'en est donné à cœur joie, comme s'il avait été dans sa chaire. Pas bien mal du tout, d'ailleurs, le compagnon Bourrier . . . pardon . . . l'abbé Bourrier.

Le *Pavé* :

Les deux curés ont été très applaudis. . . sans doute par la claque organisée par les cercles catholiques. . . . Quand les compagnons ont voulu répondre, l'on n'entendait que coassements de corbeaux et miaulements de chouettes . . .

L'*Autorité* :

Les utopies communistes de M. Faure ont été combattues avec succès, et lorsque l'orateur anarchiste a été sommé victorieusement par M. l'abbé Negro de donner le remède au problème social, si prôné par lui, il n'a pu se dérober que par des phrases ronflantes. Nous ne saurions trop féliciter de leur courage les deux ecclésiastiques qui ont affronté cette réunion publique, avec tant de succès. Et cependant ce succès ne change rien à nos sentiments sur le rôle des prêtres dans ces sortes de réunions. Notre avis est que là n'est pas leur place et que, malgré tout leur talent, leur énergie, ils ne peuvent que compromettre leur caractère, au contact des énergumènes qu'ils ont à combattre. Car ils ont affaire à des sectaires qu'il est impossible de convaincre. Ils pourront évangéliser des Iroquois, des sauvages, parce que ceux-ci sont de bonne foi. Ils ne réussiront pas à convertir par le raisonnement les sectaires de la franc-maçonnerie...

La *Croix* :

M. l'abbé Bourrier, dans un discours très écouté, a fait l'apologie du travail chrétien et a déclaré qu'un seul socialisme est possible, celui de l'Evangile. M. Faure répond éloquemment, mais les théories insensées, invraisemblables qu'il soutient, prouvent qu'il n'entend rien à la question, même au point de vue socialiste...

. . . .

Dans les diverses opinions que le lecteur vient de parcourir, il existe un point contesté. Le *Petit Provençal*, sous la signature de Magon-Barbaroux, le *Journal de Marseille* et l'*Autorité* critiquent cette agitation que déploient les prêtres à promener leurs robes blanches ou noires sur des scènes de théâtre, côte à côte avec des anarchistes. Il leur semble que

*

« le clergé, habitué depuis vingt ans à prendre part
« aux luttes électorales, est aujourd'hui travaillé d'un
« mal étrange. Il paraît assoiffé de réclame, oubliant
« son caractère, dédaignant les modestes vertus pas-
« torales, se croyant investi d'une mission absolu-
« ment politique. Et sans s'en apercevoir lui-même,
« il se mêle plus intimement à toutes ces manifesta-
« tions de la rue, auxquelles il était resté étranger,
« c'est-à-dire qu'il ne paraît plus avoir ce sentiment
« de décorum qu'il garde seulement sous la chape
« et la chasuble. Il court derrière une basse popula-
« rité qui le déconsidère au lieu de l'élever. »

Nous respectons toutes les opinions et nous croyons
en faire preuve en répondant à ces journaux par
des journaux de valeur semblable.

Et d'abord nous citerons le remarquable article
de Georges Dubois, dans le *Soleil du Midi* :

Parmi cette foule d'ignorants qui ne savent pas un traître
mot de religion et de catéchisme, il y a beaucoup d'esprits
droits, d'âmes honnêtes, qui ne demanderaient pas mieux
que de s'instruire, mais comment faire ? encroûtés qu'ils
sont dans une erreur presque invincible et ne connaissant
Dieu que pour en avoir entendu parler par des gens qui
blasphémaient.

Le prêtre prêche dans l'église et ceux pour qui surtout
il prêche sont à un kilomètre de là, dans une salle ou tel
socialiste, tel anarchiste dogmatise en maitre et endoctrine
les bonnes gens attirées par leur curiosité quelconque......
Quand la brebis s'égare au désert, le bon pasteur va la
chercher au désert ; si elle s'égare dans les réunions publiques, c'est dans les réunions publiques que le bon pasteur
doit aller. C'est son rôle et son devoir.

La *Croix :*

N'est-ce pas l'heure de lancer résolument le clergé dans sa mission sociale ? de lui mettre sous les yeux et entre les mains toute la question ? Ah ! la question du pain, elle est la plus sympathique et la plus populaire de toutes les questions. N'est-ce pas au clergé de la traiter au milieu des foules ? N'est-ce pas l'heure de prêcher les droits de l'ouvrier si sauvagement violés ? Langage imprudent, a-t-on dit !... dans le camp des égoïstes conservateurs. Il faut pousser le clergé dans l'arène sociale !... C'est sa puissante plate-forme par préparer des élections catholiques. C'est pour la question du pain, que le Dieu du Calvaire veut ramener son peuple à la vérité.

Et Monin, dans l'*Univers*, ajoute:

Les invités aux noces se dérobent et refusent de s'y rendre. Comme dans la parabole évangélique, ils s'en vont, qui aux plaisirs, qui au négoce. Il faut aller maintenant sur les planches publiques chercher les convives pour les festins des noces fraternelles de la justice et de la vérité. Et puisqu'on ne vient plus au temple écouter la parole de salut et de vie, il faut la porter au dehors, dans les enceintes librement ouvertes aux public, là où se traitent aujourd'hui les grandes questions sociales et religieuses. C'est un terrain nouveau d'éducation, c'est une force qui se lève, dont il convient de disputer l'empire à ceux qui s'en servent pour la destruction de nos croyances.

Pour nous, c'est à ce dernier sentiment que nous nous rallions.

Nous ne croyons pas que ce soit s'avilir que de tendre la main au faible, que ce soit oublier son caractère et porter atteinte à sa vertu que de consoler l'âme qui souffre et l'enlever à ces milieux malsains où toute beauté se fane, où toute dignité se perd, où tout front prend des rides accusatrices,

Où le corps tout entier fatalement s'ébranle.

Jesus-Christ s'est dévoilé sublime au milieu des pécheurs de la Judée ; les apôtres sont sortis grands et respectés de la corruption romaine ; saint Paul a été jugé noble et genéreux à l'Aréopage et personne n'a élevé la voix pour les condamner. Que dis-je ! personne ? Les Pharisiens seuls trouvèrent que Madeleine n'était pas digne de pardon, et se détournèrent, scandalisés à l'effusion du parfum, embaumant les pieds du Maître.. . . . .

. . . .

Les Pharisiens n'ont pas tous disparu ! Il en existe encore dans notre société moderne, chez qui leur dédain se retrouve, jaloux et mordant, malgré la révolution des âges ! S'ils ont abdiqué leur nom individuel, s'ils ne se nomment plus Hérode, ils se sont fait armées et s'appellent opinions !.... Enumérez les ravages que causent leurs systèmes ; comptez le nombre des victimes qu'ils frappent, et vous ne vous étonnerez plus que la sainteté du prêtre n'échappe pas à leurs coups.

Mais l'opinion n'a qu'un temps ; elle s'émiette en minuscules parties qui la rendent bientôt débile pour suivre finalement au tombeau ceux qui l'ont arborée. Une seule reste debout, dominant l'écroulement général, c'est l'opinion de l'Evangile. Heureux l'homme qui s'est rangé sous son drapeau ! Heureux celui à qui il a été donné de la défendre !

. . . .

Honneur à vous, prêtres énergiques, précieux contradicteurs, qui l'avez défendue victorieusement contre votre ennemi ! N'en doutez pas, vous avez fait du bien.

Plus d'une âme indécise a entendu le mot qu'elle cherchait et qui devait, seul, la tirer de son indifférence. A tous, vous nous avez donné la mesure de votre conviction. Quant à votre adversaire, vos arguments l'ont renversé ; *tel est pris, qui croyait prendre.*

MARSEILLE. — IMPRIMERIE MARSEILLAISE, RUE SAINTE, 39.